manzana

măr

pera

pară

naranja

portocală

limón

lămâie

uvas

struguri

fresa

căpșună

sandía

pepene verde

coco

nucă de cocos

plátano

banană

frambuesa

zmeură

kiwi

kiwi

cereza

cireașă

arándano

àfină

ciruela

prună

melocotón

piersică

higo

smochină

piña

ananas

mango

mango

caqui

kaki

coliflor

conopidă

calabacín

dovlecel

berenjena

vânătă

zanahoria

morcov

patata

cartof

repollo

varză

tomate

roșie

espinacas

spanac

brócoli

broccoli

guisantes

mazăre

calabaza

dovleac

calabaza

dovleac plăcintar

aguacate

avocado

alcachofa

anghinare

seta

ciupercă

rábano

ridiche

ajo

usturoi

cebolla

ceapă

remolacha

sfeclă

puerro

praz

pimiento

ardei gras

chile

ardei iute

espárragos

sparanghel